# Wo drückt der Schuh?

## 1150 km durch die süddeutsche Bildungslandschaft.

.Versuch einer Bestandsaufnahme unserer Bildungspolitik
und deren Auswirkungen vor Ort

## Mit über 1200 Befragungen von Lehrern, Schülern und Eltern

per online - mit Fragebogen und über 200 persönlichen Gesprächen/
Interviews /Diskussionen

*Projekt:  www.1000kmreitenproschule.de*

Herstellung und Verlag:
BoD - Books on Demand, Norderstedt
ISBN 978-3-7347-9275-5

# Inhaltsverzeichnis

## Plakatives zum Nachdenken :

# HINWEIS ZUR DURCHFÜHRUNG:

Natürlich ist es mir klar, dass es sich hier nicht um eine repräsentative Umfrage handelt, weil ich die Personen nicht aussuchte, sondern es dem Zufall überließ, wen ich unterwegs traf und von wem ich eingeladen wurde.

Vielleicht sind aber auch die gegebenen Antworten genau aus diesem Grund ehrlicher und realitätsnäher.

Sinn dieser Aktion ist es darauf hinzuweisen, dass sich endlich mal die wirklich Betroffenen, die Schüler und die Lehrer und auch die Eltern über die anfallenden Problem an den Schulen und besonders im Klassenzimmer äußern können in Form einer repräsentativen, anonymen Umfrage.

Bildungspolitik ist politisch gewollt und wird Lehren und Schülern sowie Eltern einfach übergestülpt, ohne sie als Betroffene zu fragen.

Aber sie ist eine zu kostbare Pflanze ist, um sie alleine den Politikern zu überlassen die keine Ahnung haben, was an einer Schule bzw. in einem Klassenzimmer vor sich geht bzw. vor sich gehen kann.

Nur Lehrer und Schüler wissen das, also müssen sie endlich gehört werden.

Bitte helfen Sie mit, dass dies endlich passiert.


Danke

# Vorwort:

Ich wurde einmal unterwegs während meines Rittes aus Spaß gefragt, was ein Pferd mit dem Thema Schulausbildungzu tun hat.

Die Antwort ist ganz einfach:
In der Ausbildung eines jungen Pferdes und eines Schülers gibt es keine Unterschiede.

Beide brauchen viel Zuwendung, **viel Freude am Lernen**, Selbstvertrauen durch Lernzugewinne und damit steigendes Selbstbewusstsein.

Sie brauchen **klare Grenzen**, müssen lernen, vor Anforderungen nicht zu kneifen und sie brauchen viel Freiraum zur Selbstentfaltung und Selbstbestimmung, der immer größer wird, desto selbstständiger die Schüler ihre Entscheidungen selbst treffen können.

**Genau das selbe Prinzip funktioniert auch in der Schule**

**oder bei der Kindererziehung zu Hause.**

## Die Befragung

Durch den Besuch von Schulen
                    und **ca 1200 Befragungen** per online,
mit anonymen Fragebogen zum Ausfüllen

sowie **über 200 Diskussionen/Gesprächen** unterwegs  mit Schülern, Eltern
und Lehrern erhielt ich die folgenden Ergebnisse,

**die nicht so positiv ausfielen, wie ich es erwartet hatte.**

## Der Weg:
Hasel (bei Schopfheim) – St.Blasien – Bonndorf – Sigmaringen – Ulm  -
Donauwörth – Nürnberg– Selb - Tschechei – Bad Brambach – Raun

**ca 1150km**

Unterwegs wollte ich

**hauptsächlich im direkten Gespräch**

erfahren,

welches die häufigsten Probleme sind,  mit denen Schulen, Lehrer, Schüler
und Eltern zu kämpfen haben und gemeinsam darüber zu diskutieren, wie
diese evtl. zu beheben sind

## Angst bei den befragten Lehrern

Auffallend war, dass bei Lehrern in den meisten Gesprächen fast immer **eine latente Angst** sich zu äußern vorhanden war, weil man bei offener Kritik persönliche Nachteile vermutete, da an vielen Schulen durch den Rückgang der Schülerzahlen Versetzungen bevorstehen, Hauptschulen aufgelöst werden, sich in vielen Städten die ganze Schullandschaft ändert oder ändern soll, so dass man sich lieber mit lauter Kritik, auch gegenüber der Schulleitung, zurückhält.

Außerdem ist man von den täglichen Anforderungen permanent in Anspruch genommen.

### Da bleibt keine Zeit zum Reflektieren und Nachdenken.

**Was mir besonders auffiel:**
**Je besser eine Schule geführt wurde, desto weniger Probleme hatten dort die Lehrer und umso weniger Probleme gab es mit den Eltern.**

An Schulen, bei denen sich die Lehrer sehr positiv über Schulleitung und Arbeitsklima äußerten, hatten diese viel mehr Freude an ihrer Arbeit und auch die Schüler beurteilten den Unterricht positiver.

**Daraus folgt:**
**Sehr viele der Probleme, mit denen Lehrer und Eltern heute konfrontiert werden,**
**sind quasi hausgemacht und könnten somit vor Ort gelöst werden.**

# Überbelastung der Lehrer

In  persönlichen Gesprächen,  auch nach Vorträgen schon vor meinem
Ritt,  traf ich oft  Kolleginnen, die mir **mit Tränen in den Augen** erzählten,
welche Probleme sie haben und dass sie am Limit sind –
und einige erzählten mir offen,

dass sie sich  oft nur noch mit  Antidepressiva oder irgendwelchen
„Wurstigkeitstabletten" über den Tag retten.

Oft waren diese Gespräche auch
**mit massiver Kritik an Schulleitungen bzw. Schulämtern  verbunden,**
bei denen sich die Kollegen mit ihren Problemen alleingelassen fühlten.

Bei  älteren Kollegen hieß es immer wieder:
Gott  sei Dank nur noch...Jahre /Monate/Tage bis zur Pensionierung

**Die interessantesten Gespräche aber hatte ich unterwegs mit Schülern
kurz vor dem Abitur oder mit Studenten.** Gerade bei diesen Gesprächen
wurde immer wieder folgende Feststellung getroffen:
**Bildungsreformen sind politisch gewollt  und werden deshalb von oben
bestimmt und Lehrern und Schülern und somit auch den Eltern einfach
übergestülpt, ohne diese wirklich nach ihren Erfahrungen und den
daraus resultierenden Erfordernissen zu befragen.**

**Kein Politiker weiß wirklich, was in einem Klassenzimmer vor sich geht
bzw. vor sich gehen kann.**
80% der Befragten beim online voting  waren  dieser Meinung, bei
Gesprächen waren es fast 100%)

## An der Klagemauer

(Quelle: Peter Dreier : Freude am Lernen  -Begeisterte Schüler – Motivierte Lehrer)

9　An der Klagemauer

## Auswertung des: Online – Votings, der Fragebogenaktion sowie den Gesprächen unterwegs.

**Hinweis:**

Um ein wirklich authentisches Meinungsbild von Schülern, Lehrern und Eltern zu bekommen, **müsste eine flächendeckende, anonyme Befragung** unter Federführung der Gewerkschaften und des Landeselternbeirates **oder/und** mit dem Kultusministeriums durchgeführt werden.

Alle meine gewonnen Ergebnisse/Erkenntnisse sind nicht neu,
jeder Lehrer und jeder Schüler weiß eigentlich darüber Bescheid.

**Aber offen wird nicht darüber diskutiert.**

**Und kein Politiker und auch sonst niemand nimmt sie öffentlich zur Kenntnis.**

# Das muss sich ändern.

## Befragung der Schüler:

Für alle Schüler war der wichtigste Faktor für erfolgreiches Lernen
### die Lehrerpersönlichkeit
und zwar durch einen Lehrer, bei dem der Unterricht interessant und
abwechslungsreich ist, wo Lernen einfach Spaß macht.

**Gebäude, zusätzliche Räumlichkeiten und Schulart waren Zugaben, mehr nicht.**

**„Bei meinen Lieblingslehrern habe ich am meisten gelernt",**
wurde zu fast 100% geäußert, wobei aber nur 2 Schüler mit allen Lehrern,
von denen sie unterrichtet wurden, zufrieden waren
.
**Diese „Lieblingslehrer" wurden wie folgt beschrieben:**

Sie unterrichten selbst mit Freude, ihr Unterricht ist interessant und
abwechslungsreich, **sie haben Humor**, sind konsequent, **verlangen sehr
viel** und sie können gut erklären.

## Dazu kamen noch hauptsächlich folgende Eigenschaften:
gerecht sein,
keine Lieblinge haben,
Kritik vertragen können,
berechenbar und konsequent sein,
menschlich sein,

vermitteln können, wie wichtig Bildung ist
und dass Lernen Spaß macht etc.....,
klare Strukturen haben....................................................................

und dem Schüler **viel Selbstbestimmung und Selbstverantwortlichkeit**
im eigenverantwortlichen Lernen einräumen,

     **aber mit ganz klar aufgezeigten Grenzen**
**beim Verhalten im Klassenzimmer.**

Für viele Schüler war es auch wichtig, dass man ihnen erklärt**,**
**warum** der jetzige Unterrichtsstoff durchgenommen werden muss,
welchen Sinn er für den Schüler selbst oder für sein künftiges Leben/
Berufsleben hat.

**Es motiviert viel mehr wenn man weiß, man tut etwas Sinnvolles.**

# Fragen an Schüler, Lehrer und Eltern

- nur 20% waren der Meinung,  dass die Schule  auf das spätere Leben
  genügend vorbereite

--

ca 15% gehen sehr gerne in die Schule,
ca 50% gehen- **meistens**-  gerne in die Schule.

Quelle: Peter Dreier:  Freude am Lernen  Begeisterte Schüler  -  Motivierte Lehrer

13   Fragen an Schüler, Eltern und Lehrer-

- 80% aller Befragten meinten,
  aber nur wenn sie direkt darauf angesprochen wurden,
  dass Lehrer sich zu wenig im Berufsleben auskennen
  und zu wenig wissen, welche Anforderungen einem dort später
  erwarten.

Bei genauerer Nachfrage stellte sich heraus,

**dass sehr viele der „Lieblingslehrer" vorher einen anderen Beruf hatten
oder in der Jugendarbeit tätig** sind bzw. waren.

Immer wichtiger werden auch Computerkenntnisse
und das „Mitreden können" bezüglich Internet und Smartphone.

Oft angesprochen wurden auch fehlende Konzentrationsmöglichkeiten
der lernwilligen Schüler durch permanente Störungen im Klassenzimmer,
besonders bei Inklusionsklassen.

**Manche Schüler brauchen absolute Ruhe,**
  **manche können mit Musik besser lernen**
    **und manche sich im größten Lärm konzentrieren.**

**Darauf wird fast überhaupt nicht geachtet.**


Gewünscht wurden oft zusätzliche Stillarbeitsräume mit Möglichkeiten zur
Gruppenarbeit

- Zulassen von Kopfhörern, wenn die Leistung stimmt etc....

Sehr oft wurde auch moniert, dass bei den neuen Lehrmethoden **das Lernen in und mit der Gruppe bei ungefähr gleichen Kenntnisstand** der Schüler, das **Lernen auf Augenhöhe** und dem damit verbundenen gemeinsamen Finden von Lösungen gegenüber dem individuellen Lernen vernachlässigt wird.

Ich habe mehrmals von Lehrern gehört, dass Schüler diese baten, wieder öfters zu der „alten" Unterrichtsform des gemeinsamen Lernens zurückzukehren,

einmal sogar in Form einer Petition, von allen Schülern der Klasse unterschrieben - das wäre viel interessanter,
man bekäme mehr Hinweise und Ideen, die man alleine nicht findet und es wäre einfach nicht so langweilig.

Über 50% beim online-voting waren dafür,

 **einen Teil des Kindergeldes direkt den Schülern zukommen zu lassen**

in Form von Verbilligung des Mittagsessens oder freien Eintritten in Bibliotheken, Schwimmbädern
bestimmten Kulturveranstaltungen etc……

# Inklusion

Leider hatten nur wenige Schüler Erfahrung damit aber es wurde übereinstimmend gesagt,

**dass der Lärmpegel in Inklusionsklassen meistens viel höher sei**

und durch die fast permanente Unruhe das Lernen sehr schwierig sei, außer wenn getrennte Räume mit zusätzlichen Lehrern vorhanden sind.

Diese wären aber sehr oft nur stundenweise da.

Auch fühlten sich die „guten Schüler" etwas vernachlässigt, da die Lehrer sich hauptsächlich mit den „Störern" beschäftigen müssten und sie deshalb bei Lernproblemen länger als früher auf die Hilfe des Lehrers warten mussten.

Eine uneingeschränkt positive Zustimmung bekam ich für die Inklusion nicht, wobei ich mir sicher bin, dass dies an einigen Schulen mit genügend Personal und separaten Räumen bestimmt gut funktioniert.

## Befragung der Lehrer

**Fast alle Lehrer, außer ich traf sie unterwegs während meines Rittes, waren gestresst, hatten kaum Zeit und wollten eigentlich nichts von Bildung und Lehrplänen hören.**

Nur ca 20%, meistens jüngere, wirkten entspannter, motiviert, zeigten Freude an ihrem Beruf und auch großes Interesse sich zu informieren und dazuzulernen.

Diese zeigten sich auch sehr flexibel,  gaben meistens Ihrer Klasse eine Stillarbeit  und  nahmen sich  Zeit für eine ca 15minütige Unterhaltung  und/oder man verabredete sich für den Abend
wenn ich wusste, wo ich übernachte.

Fast immer  versuchte man zuerst mich  abzuwimmeln, aber wenn ich mit dem Thema:

**Arbeitsentlastung bis zu 50% durch Suchen von Freiräumen und Erziehung  zum selbstständigen und entdeckenden Lernen, einstieg,**

bei dem schließlich der Lehrer **fast nur noch als Lernbegleiter tätig** ist und wieder  Zeit  zum  Durchatmen und  mehr  Freiräume zur  Entspannung  im Unterricht hinwies, wie es in meinem Buch:  Lernen macht Freude
 beschrieben wird,

**dann wurde mir plötzlich zugehört."**

# Auswertung der Fragebögen sowie der geführten Gespräche.

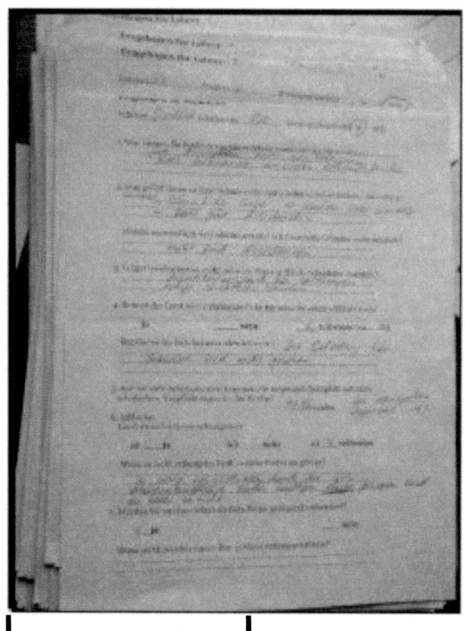

## 1. Positives an den Schulen

Meistens wurden gute Ausstattung, das Wohlfühlen im Gebäude selbst, kulturelle Vielfalt, Gestaltungsmöglichkeiten, erfolgreiche Projekte gelobt oder dass Kollegium und Schulleitung gut harmonierten.

War dies der Fall, war das Verhältnis innerhalb des Kollegiums und zu den Eltern auch viel positiver und die Kollegen hatten mehr Freude an ihrer Arbeit, was sich natürlich auch positiv auf die Beurteilung des Unterrichtes durch die Schüler auswirkte, was dann den Fragebögen zu entnehmen war.

## 2. Was gefällt mir nicht: - Zitate aus den Fragebogen:

- Man ist mit seinen Problemen im Klassenzimmer ziemlich alleine
- die Schüler werden immer schwieriger

- zu viele Krankheitsvertretungen-
- Dauerstress durch Überbelastung
- zu viele Aufgaben als Klassenlehrer

- vieles wird von höherer Stelle erwartet, was nicht möglich ist
- wenig Verständnis und Wertschätzung von außen

- teilweise sehr schwierige Elternarbeit,
- kaum Unterstützung durch das Elternhaus

- zu wenig Stunden für Förderung
- zu viel Inklusion, aber wenig Unterstützung
- zu wenig räumliche Ausweichmöglichkeiten
- zu wenig Unterstützung durch Sonder- und Sprachheilschulen
- kaum/keine Hilfe bei LRS Kindern

- Kürzungen statt Aufbau,
- deshalb auch zu wenig Angebote bei der Ganztagsbetreuung

- zu viele Konferenzen - besonders dann, wenn es in/mit
  der Schulleitung Probleme gibt

- wenig Möglichkeiten differenziert zu arbeiten wegen Lehrermangel
- Förderunterricht/Musik/1 Sportstunde fällt permanent aus ........

### 3. Effektivität von Vertretungsstunden:
- Je nach Klasse: Problemklassen  zwischen  0und 70%, sonst
- zwischen 20 und 100 %


**4. Effektivität in der eigenen Klasse**  - gilt nicht für Inklusionsklassen
- stundenweise zwischen 20% und 70%   aber auch 100%, je nach
  Zusammensetzung der Klasse, Unterrichtsstoff,  letzte Stunde, .....


## 5. Probleme mit Schülern:

- Verhaltensauffälligkeiten:
   stören, laut reden, provozieren,  herumlaufen, Mitschüler ärgern, ......
- immer größere Konzentrationsprobleme
– zu unterschiedliche Leistungen und somit  starker Förderbedarf,
  der nicht geleistet werden kann
– zu große Inklusionsklassen
- nicht gemachte Hausaufgaben

Quelle:Peter Dreier: Freude amLernen – Begeisterte Schüler – Motivierte Lehrer

–Unzuverlässigkeit und Verwahrlosung
- Interesselosigkeit der Eltern
- ungepflegt
–Material fehlt
- keine Arbeitshaltung
- Streitigkeiten
– Pünktlichkeit
– fehlt  zu oft
–Leistungsverweigerung –
- kann nicht sitzen bleiben  (unruhig)

**21    Probleme mit Schülern**

## 6. Inklusion

Über dasThema Inklusion wurde am meisten geschrieben, uneingeschränkt war kein Lehrer dafür.

**Nur mit Vorgaben wie:**
- kleinere Klassen mit mehreren Lehrkräften
- Tandempartner
- genügend Räumlichkeiten zur Differenzierung-
- entsprechende Zusatzqualifikationen
- Deputatsermäßigung
- gute Ausstattung und genügend gutes Lernmaterial
- Unterstützung im Unterricht durch päd.Assistenten, Sozialarbeitern, Sonderschullehrern—
- Beratungsmöglichkeiten durch kompetente Fachkräfte-

könnte man sich das Unterrichten in einer Inklusionsklasse vorstellen.

**Gegen Inklusion:**

Ganz dagegen waren ca.70% derjenigen, die selbst eine Inklusionsklasse haben.

## Zitate zu Inklusion:

- Ich habe in diesem Schuljahr: - ein geistig behindertes Kind ,dass den
  ganzen Morgen heftig lachend mit  beiden Fäusten auf den Tisch
  schlägt....../
- 3 ADHS Kinder, wobei nur eines mit Ritalin behandelt wird ,
  die permanent ihre Plätze verlassen und die  Klasse aufmischen und
  stören
- 3 Schüler, die kein Wort Deutsch können
- immer mehr verhaltensgestörte .............  .etc., /2 Sonderschüler, die.. .

**Ich bin dauernd mit ihnen beschäftigt,  was für die ganze Klasse eine
große Belastung ist.**

Die Schüler, die lernen wollen, können sich nicht genügend
konzentrieren  das ist ihnen gegenüber **so unfair**.
- Nur wenige:/2,/3/,4,/Stunden bekomme ich Entlastung durch einen
  zweiten Kollegen.
  **Ist der krank oder muss er Krankheitsvertretung machen, bleibt alles
  an mir hängen. Der Unterrichtserfolg ist deshalb oft gleich 0**

## Darstellung der Inklusion in der Presse

Viele Kollegen regen sich auch auf, dass in den Zeitungen
Inklusionsklassen als das Beste vom Besten dargestellt werden und
uneingeschränkt gelobt werden,
was überhaupt nicht den Begebenheiten an den entsprechenden Schulen,
von denen die Artikel handeln,  entspricht.

**Dass es dabei auch massive Schwierigkeiten zu bewältigen gibt,
wird in den Zeitungen nie erwähnt.**                    .

# Belastung der Lehrer:

**Zitate:**
- Permanenter Stress, auch in den Pausen und dazu noch viele
  Pausenaufsichten,
- keine Erholungsmöglichkeiten
- zu viel Krankheitsvertretung

**Lassen Sie die Kinder einfach machen, was sie wollen....Sie können dabei lesen und sich entspannen....** Quelle: Peter Dreier: Freude am Lernen- begeisterte Schüler –Motovierte Lehrer,.

– der Lärmpegel ist in den Pausen und besonders im Sportunterricht sowie
  in vielen Klassen zu hoch und man
  braucht immer zu viel Zeit, um zu einem normalen Geräuschpegel zu
  kommen, bei dem man unterrichten kann

—
**Inklusionsklassen sind deutlich arbeitsintensiver
und zeitaufwendiger in der Vorbereitung**
- zu viele Termine und Konferenzen
- zu wenig Lehrer für Inklusionsklassen

- die Unterrichtsvorbeitungen werden immer zeitaufwendiger,
  da immer mehr differenziert werden muss

- **immer  schwierigere Kinder, immer mehr verhaltensauffällig,
  unkonzentriert, unerzogen, ohne Arbeitshaltung,**

    **deshalb permanent Störungen und Unterbrechung des Unterrichtes.**

**Die Eltern werden immer schwieriger**
- Helikoptereltern
– nicht kooperative und realitätsferne Eltern
– fast keine Mitarbeit der Eltern bei Klassenfesten etc.mehr
– Uneinsichtigkeit bei erforderlichen Maßnahmen
-  nicht kooperative Eltern bei erforderlichen Maßnahmen zu Hause

-  Sprachprobleme mit Asylbewerbern und Müttern von Migrantenkindern

 - hoher Zeitaufwand für Elterngespräche
-  sehr oft fast keine Unterstützungdurch die Schulleitung/Schulamt bei
   Elternproblemen
-  Probleme mit Eltern wegen  Vernachlässigung ihrer Kinder
--wenig Mitarbeit und Uneinsichtigkeit  bei erforderlichen Maßnahmen zu
   Hause
-  denken, sie wissen es besser, weil sie selbst Schüler waren

**25   Belastung der Lehrer durch  Eltern**

## Zusätzliche Belastungen der Lehrer durch Sparmaßnahmen

Bei immer mehr Lehrern – besonders bei denen, die Inklusionsklassen ohne die entsprechenden Begleitmaßnahmen und Ausbildung unterrichten müssen - vertieft sich der Eindruck, dass die **Landesregierung zu viele Sparmaßnahmen auf Kosten der Lehrer** durchführt.

Insgesamt kam immer wieder durch:

„**Die da oben** entscheiden Dinge, die meilenweit von der Schulrealität enfernt sind **ohne wirklich zu wissen, mit welchen Schwierigkeiten wir vor Ort zu kämpfen haben.**
Schon als Schulleiter mit vielen Verwaltungsstunden kann man nicht mehr nachvollziehen, welche Belastung ein 28 Stunden Deputat in der Grundschule z.B für einen Erstklasslehrer mit sich bringt.

**Unsere Arbeit wird immer schwieriger und wir müssen immer mehr leisten.**

**Wir müssen immer mehr erziehen**
        **und können im weniger unterichten.**


## Wann gab/gibt es mal eine Entlastung für uns Lehrer?"


## Streikrecht für Lehrer
71% aller Schüler , Lehrer und Eltern waren beim online voting dafür

## 7. Schulleiter

Leider hatte ich nur wenige Meldungen von Schulleitern.

Außerdem meldeten sich nur solche, die auf erfolgreiche Zusammenarbeit mit dem Kollegium hinweisen konnten, was an den beigefügten Lehrerbeiträgen zu erkennen war.

**Hauptprobleme der Schulleiter waren**:
- Zu viel Büroarbeit
- zu großer Zeitaufwand zur Bearbeitung der täglichen e-mail Flut
- starke Belastungund viele Termine wegen Inklusion und dass diese Mehrarbeit als selbstverständlich angesehen wird

**- Zu wenig Lehrerstunden für Inklusion**
  „Verhaltensauffällige" Kinder brauchen kleine Gruppen

- **hoher Krankheitstand** bei normaler Krankheitsvertretung sowie immer öfter längere **Krankheitsvertretungen bisweit über einem Jahr** ohne Krankheitsvertreter, was eine permanente Dauerbelastung für das Kollegium bedeutet.
- dadurch bedingt den **Ausfall vieler Förder-/Musik- und Sportstunden** wegen Krankheitsvertretungen und Probleme deswegen mit Eltern

- immer mehr Probleme mit desinteressierten Eltern
- (Zitat:„Meinem Sohn/meiner Tochter hat´s halt heut nicht gefallen.
- Drum ist er nach Hause"

  - „Es war ihm einfach zu stressig, aufzustehen" etc....... )

## 8. Eltern

Bei direkten Nachfragen kam ich auf fast die gleichen Ergebnisse wie bei den Schülern.
Meistens wurden Einzelprobleme - **besonders in Mathematik** -   angesprochen,

oder:
"Wie kann ich da meinem Kind helfen, es hat Probleme in.......   „

- **Mobbing** durch Mitschüler
– Drogen in der Schule

- **zu viele Vertretungsstunden und Unterrichtsausfall**
- **ungerechte Behandlung oder unfaire Benotung durch Lehrer**
  angesprochen.

**Aber was wirklich in der Schule und im Klassenzimmer vor sich geht, interessiert die meisten nicht wirklich, soweit es nicht ihr Kind betrifft.**

Viele sagten auch offen, dass sie mit dem jetzigen Schulsystem und der Unterrichtsversorgung überhaupt nicht zufrieden sind und deshalb ihre Kinder auf Privatschulen schicken oder schicken möchten, wenn sie genügend Geld dafür hätten.

# Welche Schlussfolgerungen sind aus diesen Ergebnissen zu ziehen?

1. **Wichtigstes Kriterium für einen guten Schulerfolg ist die**

## Lehrerpersönlichkeit,

sind Lehrer, die selbst mit Freude unterrichten
und ihren Schülern die Freude am Lernen vermitteln können
**(siehe Geo Februar 2011,** wo über eine 9. Klasse in Schweden berichtet
wird und zwar eine der schlechtesten im ganzen Land , deren Lehrer
gegen andere Kollegen ausgetauscht wurden, die überdurchschnittliche
Lernerfolge in ihrer Klassen aufweisen konnten.

In 6 Monaten führten sie diese Klasse landesweit auf den dritten Platz,
in Mathe auf Platz 1 und in Musik wurde eine Rockoper aufgeführt.)

2. **Deshalb müssen die Ursachen für erfolgreichen Unterricht erforscht**
und keine Problemsuche wie gehabt durchgeführt werden.

Also **eine Befragung von Schülern**, aus welchen Gründen und bei
welchen Lehrern sie **gerne** in die Schule gehen **sowie bei Studenten**,
deren Professoren in ihren Augen erfolgreiche Vorlesungen halten

**Und genau diese Lehrer müssen auch befragt werden**, was ihrer
Meinung nach ihren Unterricht so erfolgreich macht.

## Diese Ergebnisse müssen ausgewertet werden und im Lehrerstudium mit einfließen.

Da dies nicht passiert sind die Gewerkschaften, Elternbeirat sowie
die Gemeinden und Politiker, die sich endlich einmal vor Ort
informieren, gefordert.

3.Außerdem sollten die **Auswahlverfahren, ob Bewerber als Lehrer überhaupt geeignet sind**, noch viel stärker verfeinert werden.

(Beispiel  Finnland, die
**nur pädagogisch hochbegabte Studenten zum Studium zulassen.**

In Finnland ist  die einzige Aufgabe eines Lehrers das Unterrichten, Erziehungsprobleme werden von Fachkräften gelöst.)

4. **Für alle Lehrer und Schulleiter muss eine Art Nottelefon vorhanden sein**, wo sie in „Notfällen"Unterstützungund Hilfe
durch Mentoren, speziell ausgebildete und erfahrene Lehrer mit nachweislichem Unterrichtserfolg erhalten.

Diese Mentoren dürfen nicht an der gleichen Schule sein.
Dabei könnten auch Pensionäre helfen.

Die anfallenden Probleme müssten dem Kultusministerium weitergeleitet,und dort bearbeitet und Lösungen gesucht werden.

5. **Lehrer müssen ihren Unterricht und die damit auftretenden Probleme transparent machen.**

Lassen Sie **Eltern und Politiker ins Klassenzimmer** damit sie eine Ahnung bekommen, wie es in schwierigen  Klassen ablaufen kann, besonders in Inklusionsklassen.
**Dann kommt dies auch besser an die Öffentlichkeit, was unbedingtnotwenig  ist, um Reformen zu erreichen.**

## 6. Studieren Sie als Lehrer gründlichst das Schulgesetz!

Sie sind dann in einer besseren Position gegenüber
Eltern und Schulleitung und kennen genau Ihre Möglichkeiten ,
um den Unterricht für ihre Schüler und somit auch für sich
selbst attraktiver und stressfreier zu gestalten.

**Außerdem entdecken Sie dabei ungeahnte Freiräume, die sie
erfolgreich nützen können.**

**Das Gleiche gilt natürlich auch für Eltern und Schüler.**

## 7. Die Ausbildung der Schulleiter muss auch dementsprechend durch
erfahrene, erfolgreiche Schulleiter, evtl. auch Pensionäre verbessert
werden, besonders auf dem Gebiet **der Menschenführung ,
Arbeitsoptimierung und eines gesunden Selbstbewusstseins
gegenüber Vorgesetzten und Eltern.**

**Es hat sich immer wieder gezeigt, dass an gut geführten Schulen die
Arbeitsfreude der Lehrer sowie der Schüler viel besser ist und es
deshalb auch viel weniger Probleme mit Eltern und Schülern gibt.**

Daraus ergibt sich:
Eine der wichtigsten Aufgaben des Schulleiters ist es, ein gutes
Arbeitsklima zu schaffen,
die Arbeit der Lehrer anzuerkennen und diese so weit wie möglich
darin zu unterstützen.
**Das wird leider bei zu vielen Schulleitern nicht so gesehen.**

# Schlusswort

**Zusammenfassend kann man also sagen:**

1. Wenn das Arbeitsklima an einer Schule stimmt, die Lehrer wieder mit
   Freude erfolgreich  unterrichten können, **weil viele Probleme an der
   Schule selbst konsequent angegangen und gelöst werden** und sie
   deshalb  nicht mehr so gestresst und überlastet sind, macht die
   Arbeit im  Schulalltag  wieder viel mehr Spaß .
   **Und sie ist deshalb auch viel erfolgreicher.**

Quelle: Peter Dreier Lernen macht Freude – Begeisterte Schüler –Motovierte Lehrer

**2. Bei den restlichen Problemen,**

besonders bei den schlechten Rahmenbedingungen für den einzelnen Lehrer,

über die Eltern/Gemeinde an die Öffentlichkeit gehen.


3.Machen Sie also Ihren Unterricht und ihre Probleme **transparenter,**
besonders gegenüber den Eltern, der Gemeinde........

denn wenn sie alles im Klassenzimmer belassen, wird sich nichts
in irgendeiner Form verbessern, sondern es wird noch schlimmer.


Dazu wünsche ich Ihnen viel Mut.


Peter Dreier

Vielen Dank für die Teilnahme an unserer Umfrage

Jede Meinung ist wichtig

Ihr Peter Dreier

## Zurück zur Homepage

Fragebögen für Schüler, Lehrer und Eltern

864 Abstimmungen

| | | |
|---|---|---|
| 1. Brauchen wir ein Streikrecht für Lehrer? | Ja | 71,53% |
| | Nein | 28,57% |

| | | |
|---|---|---|
| 2. Lehrer sind ihr ganzes Leben lang nur in der Schule oder im Studium. Sollten Lehrer deshalb ein längeres Praktikum ableisten, um überhaupt eine Ahnung davon zu haben, was „draußen" ihre Schüler erwartet? | Ja | 81,63 % |
| | Nein | 18,37 % |

| | | |
|---|---|---|
| 3. Neue Bildungssysteme sind politisch gewollt und werden den Betroffenen: Schüler, Lehrer und Eltern einfach übergestülpt, ohne sie nach ihren Wünschen und Vorstellungen zu fragen. | Das ist in Ordnung. Die Politiker sind gut informiert und haben ihre Berater. | 0,00 % |
| | Das ärgert mich schon immer. Die wissen doch nicht, was in einem Klassenzimmer vor sich geht und was wirklich notwendig wäre. Die sehen doch immer nur Schaustunden. | 86, 34% |
| | Auch Schüler und Eltern haben Wünsche. Das interessiert aber scheinbar niemanden. | 69,39 % |

4. Gehst du als Schüler gerne in die Schule?

Überhaupt nicht                                                                8,16 %

Gehen Sie als Lehrer gerne in die Schule?

    Ja, ich gehe gerne                                                      12,24 %
    Meistens                                                                  48,98 %
    Selten                                                                    16,33%

5. Sollte neben dem Schulleiter auch ein Verwaltungsfachmann eingestellt werden,

    Ja                                                                        87,67%

    Nein                                                                      12,24%

htpp://www.webhosting.boritz.de/603

**36 Online -Befragung**

| | | |
|---|---|---|
| 6. Viele Lehrer und auch Schüler meinen, dass jeder Bildungsminister, um eine wirkliche Ahnung von der Schulrealität zu haben, mindestens 4 Wochen ein Praktikum an einer Brennpunktschule Machen sollte. | unbedingt erforderlich | 36,37 % |
| | ist Quatsch | 4,08 % |
| | nein, der kann das auch so, er hat ja seine Berater | 6,12 % |
| | es wäre sicher gut | 62,86 % |
| 7. Sollte ein Teil des Kindergeldes nicht den Eltern ausbezahlt werden, sondern direkt den Kindern zu Gute kommen in Form von: | freier Schwimmbadeintritt | 48,96% |
| | freie Benutzung öffentlicher Verkehrsmittel für den Schulweg | 59,18% |
| | Mittagessen in der Schule | 61,27% |
| | freier Eintritt ins Theater, Museum, Kino oder Buchausleihe | 36,76% |
| | Klassenfahrten, Schullandheim, Ausflüge | 61,22% |
| | ich bin nicht dafür | 14,29% |
| 8. Welches sind die größten Probleme im Lehreralltag, die sofort abgeschafft bzw. in der Öffentlichkeit diskutiert werden sollten | Krankheitsvertretungen | 59,18% |
| | zu viele unbezahlte Überstunden | 36,73% |
| | ein zu großes Arbeitspensum | 36,73% |
| | Man fühlt sich bei Problemen im Klassenzimmer alleine gelassen | 61,22% |
| | die Schulleitung unterstützt uns kaum | 14,29% |
| | Probleme mit den Eltern | 46,94% |
| | zu viel Stress | 46,94% |
| | zu viel Verwaltungskram | 40,82% |
| | permanent anfallende, schwer zu lösende Probleme | 22,45% |
| | zu viele Problem und Schwierigkeiten bei der Umsetzung des neuen Bildungsplanes | 57,14% |
| | Kaum Unterstützung vom Schulamt | 40,82% |
| | Zu viele Unterrichtprobleme mit Schülern, der Unterricht leidet sehr stark darunter | 55,10 % |

**37 Online- Befragung**

9. Was ist das Wichtigste für einen guten Unterricht, damit jeder Schüler eine seinen individuellen Fähigkeiten entsprechende Schulausbildung bekommt?

Die Schulart (Realschule, Gymnasium, Gemeinschaftsschule......? — 12,24%

Entdeckendes und selbstständiges Lernen mit dem Lehrer als Lernbegleiter? — 51,06%

Die Ausstattung der Schule — 12,24%

Einen gut ausgebildeten Lehrer, bei dem der Unterricht interessant und abwechslungsreich ist, wo Lernen (meistens) einfach Spaß macht — 77,55%

Eine gute Schulpolitik, die sich nicht nur politisch orientiert, sondern zuerst genau analysiert, was im Klassenzimmer vor sich geht und dementsprechend mit den Betroffenen reagiert und handelt. — 69,38%

die Unterstützung der Eltern — 28,57%

*****************************************************************************
*****************************************************************************

30.10.2014 — webhosting-borsitz in Hasel (Baden)

10. Wie könnte man die Lehrer entlasten, damit sie sich wieder hauptsächlich ihrer eigentlichen Aufgabe, dem Unterrichten, widmen können.

Mehr Unterstützung durch Eltern. — 53,06%

Mehr Unterstützung durch die Schulleitung und dem Schulamt — 28,57%

Mehr Fachpersonal für Erziehungsprobleme — 65,31%

kleinere Klassen — 79,51%

Mehr Nebenräume zu einer vernünftigen Differenzierung — 40,82%

Bessere Ausstattung — 38,78%

Besseres Ansehen in der Öffentlichkeit, mehr Wertschätzung durch die Politik — 57,14%

mehr Krankheitsvertreter — 59,18%

Streikrecht — 51,06%

Nicht mehr so viel unbezahlte Überstunden — 30,61%

Automatische Anpassung der Gehälter wie bei den Bundestags- und Landtags- ......... — ......

**38  online Befragung**

# Das Paradies im Klassenzimmer

### Peter Dreier aus Hasel kämpft für ein besseres Bildungssystem und gibt Tipps für einen guten Unterricht

Von Sarah Trinler

Hasel. Lehrer zu sein ist kein Zuckerschlecken, sondern zunehmend mit erheblichen Belastungen verbunden. Stress im Unterricht, zahlreiche Vertretungsstunden und ständige Veränderungen im Bildungssystem setzen den Lehrern zu. Peter Dreier aus Hasel möchte mit seinem Buch „Unterrichten kann so schön sein. Was man auf der PH nicht lernt" Lösungen aufzeigen.

„Als pensionierter Lehrer beschäftigt man sich immer noch mit dem Thema Bildung und hat mehr Zeit zum Nachdenken, was in der Hektik des Schulalltags einfach nicht möglich ist", so Peter Dreier. Der 69-Jährige musste in den vergangenen Jahres öfters feststellen, dass bei immer mehr Lehrern - gerade wenn sie schon längere Zeit im Schuldienst sind - die Freude am Unterrichten nachlässt oder sogar fast abhanden kommt. In seinem Buch beschreibt er anhand von praktischen Beispielen, wie man als Lehrer unterrichten kann, damit es einem selbst und den Schülern Spaß macht.

Peter Dreier, der in den 80er Jahren auch einige Zeit in Peru an einer Schule unterrichtet hat, weiß, dass Stress und Arbeitsaufwand für einen Lehrer stark zugenommen haben. Auf Unterstützung „von oben" (Bildungspolitik) könne man nicht hoffen, der Lehrer müsse selbst für Entlastung

Über 1000 Kilometer hat Peter Dreier auf seinem Pferd Sahib zurückgelegt, um die Probleme in der Bildungslandschaft aufzudecken. In Gesprächen mit Lehrern, Schülern und Eltern hat er viele neue Erkenntnisse gewonnen, welche Probleme an den Schulen herrschen. Foto: zVg

und Erholung im Unterricht sorgen. Dies sei allerdings nur möglich, wenn die Schüler gerne in den Unterricht gehen. Mit der Hinführung zu selbstständigem und entdeckendem Lernen hätten die Kinder mehr Freude am Unterricht und die Lehrer weniger Stress und Arbeitsaufwand. „Ich entwickelte mich langsam vom Lehrer zum Lernbegleiter", so Dreier.

Das Buch entstand bei der Vorbereitung des Projekts „1000 Kilometer Reiten pro Schule" (wir berichteten). Nach dem Motto „Immer unterwegs sein. Der Weg ist das Ziel denn das Ziel ist das

Ende" machte sich Peter Dreier am 25. Juni diesen Jahres auf dem Rücken seines Pferdes Sahib auf den Weg, um für ein besseres Bildungssystem zu kämpfen. Von Hasel ging es über Sigmaringen, Ulm und Nürnberg nach Raun (Sachsen). Auf seinem Weg machte die ehemalige Lehrer Halt bei Schulen, um mit Lehrern, Schülern und Eltern ins Gespräch zu kommen. Das Projekt wurde auch durch die Lehrergewerkschaft VBE unterstützt.

Nach 52 Tagen ist Peter Dreier wieder in Hasel angekommen. Während der 1150 Kilometer waren ihm viele Er-

kenntnisse gekommen, über 200 Diskussionen und Gespräche habe er geführt und zudem 100 Online-Befragungen ausgewertet. Erschreckende Wahrheit: Viele, meist ältere Lehrer sind unglücklich in ihrem Beruf und sehnen sich nach dem Eintritt ins Rentenalter. Größte Erkenntnis: Die Probleme an den Schulen sind meist hausgemacht. Entscheidender Faktor: Für erfolgreiches Lernen ist für den Schüler die Lehrerpersönlichkeit am Wichtigsten, Räumlichkeiten und Schulart sind nur Zugaben. „Bei meinem Lieblingslehrer habe ich am meisten gelernt", habe fast jeder Schüler

gegenüber Dreier geäußert.

Peter Dreier wurde häufig gefragt, warum er seine Reise durch die Bildungslandschaft gerade auf dem Pferd zurückgelegt hat? „In der Ausbildung eines jungen Pferdes und eines Schülers gibt es keine Unterschiede. Beide brauchen viel Zuwendung, viel Selbstvertrauen durch Lerngewinne und klare Grenzen", erklärt Dreier. „Kinder und Pferde müssen lernen, vor Anforderungen nicht zu kneifen, zudem brauchen beide viel Freiraum zur Selbstentfaltung und Selbstbestimmung."

„Unterrichten muss Lehrern und Schülern wieder Freude machen", so das erklärte Ziel von Peter Dreier. Auf den 93 Seiten seines Buches beschreibt er etwa den richtigen Umgang mit Mobbing, wie wichtig loben ist, wie man Regeln durchgesetzt bekommt oder wie man den Geräuschpegel im Klassenzimmer senkt. Laut Dreier könne jeder Lehrer einen Weg finden, wieder gerne zu unterrichten, wenn er ein paar wesentliche Dinge befolgt. „Dann hat man fast das Paradies im Klassenzimmer", so der pensionierte Lehrer.

## KURZINFO

Buch: Peter Dreier. „Unterrichten kann so schön sein. Was man auf der PH nicht lernt", BoD-Books on Demand-Verlag, Norderstedt ISBN: 987-3-7357-2207-2. Weitere Informationen zum Projekt im Internet unter www.1000kmreitenproschule.de.

# Inklusion kommt nicht gut an

## Peter Dreier hat bei seinem 1150-Kilometer-Ritt Schüler und Lehrer nach ihrem Schulalltag befragt / Schulpolitik in der Kritik

VON UNSEREM REDAKTEUR
DIRK SATTELBERGER

HASEL. Peter Dreier ist spätestens seit diesem Sommer nicht mehr nur in seinem Wohnort Hasel bekannt. Im Juni war er mit seinem Pferd Sahib aufgebrochen, um 1150 Kilometer quer durch Deutschland in Richtung Tschechien zu reiten. Unterwegs suchte der Reiter das Gespräch mit Schülern und Lehrern. Auch einen Fragebogen ließ Dreier beantworten. Jetzt hat der pensionierte Lehrer das Ergebnis vorgelegt. Mit teilweise überraschenden Aussagen.

So sind laut Peter Dreier zirka 70 Prozent der Lehrer, die selbst Erfahrung mit Inklusion haben, gegen Inklusion. Inklusion bedeutet, dass behinderte Kinder mit nichtbehinderten in einer Klasse unterrichtet werden. Bei diesem Thema hätten die rund 1000 Teilnehmer bei der Umfrage am meisten geschrieben, erzählt Peter Dreier, der selbst Lehrer und Schulleiter in Hasel und Häg-Ehrsberg gewesen ist.

Peter Dreier ritt mit Sahib im Sommer 52 Tage durchs Land und lud Lehrer und Schüler zu Gesprächen über den Schulalltag ein. FOTO: DPA

Uneingeschränkt sei nicht ein einziger Lehrer für die Inklusion gewesen, wenn, dann nur mit Bedingungen wie beispielsweise kleinere Klassen, mehr personelle Unterstützung und genügend Räumen. Dreier: „Diese Ablehnung hätte ich nicht erwartet." Die Integration von körperlich behinderten Kindern in den Unterricht sei kein Problem. Wenn es sich aber um lernbehinderte Schüler handle, brauche man bis zu fünf Lehrer im Unterricht. Das, freilich, ist völlig unrealistisch.

Die Erfahrungen mit der Einbindung behinderter Schüler in die Regelschule stehe in Widerspruch zu dem, was die befragten Lehrer in den Medien über Inklusion lesen. Zitat einer Lehrerin: „Viele Kollegen regen sich darüber auf, dass Inklusionsklassen als das Beste vom Besten dargestellt werden. Dass es dabei massive Schwierigkeiten zu bewältigen gibt, wird nie erwähnt." Ein anderer Lehrer sagt laut Peter Dreier: „Ich habe dieses Jahr ein geistig behindertes Kind, das den ganzen Morgen heftig lachend mit beiden Fäusten auf den Tisch schlägt." Ein Kollege lässt wissen: „Ich bin dauernd mit diesen Schülern beschäftigt; die Schüler, die lernen wollen, können sich nicht genü-

## INFO

### INKLUSION

Wenn von Inklusion die Rede ist, ist in der Regel der gemeinsame Unterricht von Menschen mit besonderem Förderbedarf und mit solchen ohne diesen Förderbedarf gemeint. In Deutschland müssen seit einigen Jahren behinderte Kinder nicht mehr automatisch auf eine Förderschule gehen, sondern dürfen prinzipiell Grundschulen, Realschulen und alle anderen Regelschulen besuchen. In Baden-Württemberg hat die grün-rote Landesregierung die Inklusion behinderter Schüler insbesondere an Gemeinschaftsschulen forciert. Viele Schulen im Wiesental ermöglichen heute Inklusion, etwa die Gerhard-Jung-Schule in Zell, die Gemeinschaftsschule in Schönau/Todtnau und die Grundschule Wiechs. dsa

gend konzentrieren. Das ist ihnen gegenüber so unfair." Peter Dreier weist darauf hin, dass seine Befragung nicht repräsentativ ist. Auch wenn die Anzahl der Teilnehmer recht hoch ist. „Ich habe auf meinem Ritt nur Schulen auf dem Land besucht, keine in der Stadt." Doch er befürchtet, dass die Antworten bei einer repräsentativen Erhebung noch schlechter ausfallen könnten beim Thema Inklusion. Deswegen schwebt ihm nun eine Befragung vor, die statistischen Anforderungen, vielleicht mit dem Lehrerverband VBE, bei dem er Mitglied ist und der ihn unterstützt.

Wenn Dreier seine Gesprächspartner zwischen Hasel, Ulm und Bad Brambach nach anderen Themen gefragt hat, fielen die Antworten eher erwartungsgemäß aus: Viele Schüler haben demnach wenig Spaß an der Schule, und viele Lehrer wünschen sich eine Entlastung. Viele Klagen gibt es über Krankheitsvertretungen, die zusätzlich zu leisten seien. In „Problemklassen" fühlen sich 61 Prozent alleine gelassen. 88 Prozent der Befragten sind dafür, dass der Schulleitung ein Verwaltungsmann zur Seite gestellt werden sollte, damit sich der Schulleiter mehr um pädagogische Dinge kümmern kann.

Der Schulpolitik des Landes stellen die befragten Lehrer keine guten Noten aus. Dreier fragte im Fragebogen mit leicht suggestivem Unterton: 'Neue Bildungssysteme werden den betroffenen Schülern, Eltern und Lehrer übergestülpt, ohne sie nach ihren Wünschen und Vorstellungen zu fragen.' Diese Aussage bejahen 82 Prozent der Befragten („Das ärgert mich schon immer").

Und fast genauso viele Lehrer schließen sich der Forderung an, jeder Bildungsminister sollte „mindestens vier Wochen ein Praktikum an einer Brennpunktschule machen."

Man kann vermuten, dass dieses Ergebnis den Vergleich mit einer repräsentativen Studie nicht scheuen muss.

Buch: Peter Dreier, Unterrichten kann so schön sein. Was man auf der PH nicht lernt. 96 Seiten. 6,20 Euro

# Plakatives zum Nachdenken !

aus : Peter Dreier: Freude am Lernen  Begeisterte Schüler – Motivierte Lehrer

## I have a dream !

Alle Schüler und alle Lehrer gehen gerne in die Schule

und jeder Schüler wird seinen Fähigkeiten entsprechend

gefördert und gefordert.

**Dies gilt auch für Studentenund Professoren sowie Lehrlingen und Ausbildern.**

Dies ist aber nur möglich, wenn

wir unsere zukünftigen Lehrer so ausbilden, dass die Kinder begeistert zu ihnen in den Unterricht kommen, weil Lernen Freude macht.

Und die Länder dafür sorgen ,dass die folgenden Rahmenbedingungen:

- genügend Lehrer einschließlich Krankheitsvertetungen

- sowie genügend Räumlichkeiten vorhanden sind

- und der Klassenteiler je nach Schülerzusammensetzung

   so ist, dass jeder Lehrer genügend Zeit für jeden

   einzelnen Schüler hat, um ihn seiner Begabung gemäß zu

## fördern und zu fordern

*Dann haben wir fast*

*das Paradies im Klassenzimmer*

# Rechte und Pflichten

1. Kinder haben nicht nur Rechte,
   sondern auch Pflichten.

2. Das gilt auch für ihre Eltern.

3. Und natürlich auch für alle Lehrer.

   Einige Lehrer sollten aber auch mal
   darüber nachdenken,
   dass sie nicht nur Pflichten,
   **sondern auch Rechte haben.**

# Schwimmunterricht

Kindern soll man
das Schwimmen beibringen
und zwar nicht nur in
Schwimmbädern, sondern auch
in Seen und Flüssen

und sie nicht in eine
Taucherglocke sperren, aus der
sie sich nicht selbst befreien
können.

# Die Wahrheit wird
# Euch frei machen

(Albert Ludwig Universität Freiburg - Johannes 8.2 )

Warum sagen unsere Lehrer nicht endlich mal laut und deutlich,
**was bei** den heutigen Arbeitsbedingungen in einem Klassenzimmer **so** abläuft bzw. ablaufen kann?

- dass sie immer mehr erziehen
  müssen und immer weniger unterrichten können

- wie Lehrer durch diese und weitere unzumutbare
  Belastungen wie z. b. falsch verstandene Inklusion
  oder permanente Krankheitsvertretungen auf die
  Dauer verschlissen werden

- und wie oft deshalb der Unterricht zum Nachteil
  der Schüler immer ineffektiver wird.

Wann werden endlich einmal unsere Lehrer zum
Vorteil Ihrer Schüler entlastet und werden nicht
weiterhin mit immer mehr Aufgaben betraut,

*für die sie nie ausgebildet wurden.*

# Lernen und Verstehen durch Zuhören

Viele Lehrer,Politiker und Leute in höheren Positionen haben heutzutage zwei große Probleme:

**1. Sie hören sich gerne reden und**

**2. sie hören ihrem Gesprächspartner nicht mehr richtig zu,**

denn sie sind nur damit beschäftigt, Gegenargumente zu finden, ohne permanent ihren Standpunkt zu überprüfen und wollen nur das hören, was in ihr Konzept passt.

**Andere Standpunkte zu überdenken oder vielleicht sogar zu übernehmen wird als Schwäche angesehen. Deshalb gehen sehr gute Argumente der Gegenseite** v **erloren, die bei der Problemlösung helfen könnten.**

Die Entscheidungsträger informieren sich oft zu einseitig und nehmen sich auch keine Zeit, sich direkt vor Ort ausreichend zu informieren.

**Darum treffen sie immer wieder falsche Entscheidungen. Deshalb:**

**Üben Sie das Zuhören nicht nur bei Eltern, Kollegen oder in der Familie, sondern vor allem bei ihren Schülern oder bei ihrem Kind. Und hören Sie sich selbst zu !**

**Seien Sie dabei ihr größter Kritiker und lachen Sie auch mal über sich!**

Zuhören können bei einer Diskussion odereinerMeinungsverschiedenheit ist das Wichtigste,um dazulernen zu können, seinen eigenen Standpunkt zu überdenken und evtl. zuändern.

**3. Reden Sie nur, wenn Sie wirklich etwas zu sagen haben!**
   **Das verkürzt die Zeit z..B. bei Konferenzen beträchtlich.**

**Außerdem kann ich den anderen nur verstehen, wenn ich ihm zuhöre, darüber reflektiere und wenn ich ihn dann verstehe, ist eine Konfliktlösung viel besser möglich.**
Ihn verstehen heißt aber nicht automatisch, ihm immer Recht zu geben.
**Ideal ist natürlich, wenn beide zuhören können.**

**Quelle:** Peter Dreier Freude am Lernen Begeisterte Schüler – Motivierte Lehrer **6**

# 1150 km reiten

## quer durch Deutschland

## für eine bessere Schulbildung

**Ohne Hufeisen, ohneTrense, ohne Sattelbaum – dem Pferd zuliebe**

# *Freude am Lernen*
## Begeisterte Schüler – Motivierte Lehrer

Dieses Buch wurde vom Kultusministerium dem Fachreferat für die

Weiterentwicklung der Lehrerausbildung empfohlen.l

In diesem Buch wird an Hand von praktischen Beispielen aufgezeigt,
welchen Weg ich als  Lehrer gefunden habe, damit der Unterricht mir
selbst und somit meinen Schülern Spaß macht,  so dass sie viel besser,
intensiver und mit Begeisterung lernen und einem  der Schulalltag nicht
auffrisst.
Außerdem wird gezeigt, wie man sich trotz allen Belastungen Freiräume
schaffen kann ,in denen man sich in der Schule
entspannen und erholen kann.

**Vorschläge und Konzepte aus diesem Buch
wurden alle im Klassenzimmer bzw. in der
Schule getestet und von Schülern und befragten
Lehrern positiv beurteilt.**

**Hinweis:**
Dieses Buch ist **für Schüler und Eltern genauso wichtig und interessant wie für
Lehrer** denn es zeigt, welche Voraussetzungen gegeben sein müssen,  damit die Schüler
gernein die Schule  gehen, welche Rituale in den Klassenzimmern ablaufen und auch,
 **dass Eltern auf keinen Fall als Hilfslehrer eingesetzt werden dürfen**, weder bei
Hausaufgaben
noch vor angekündigten Arbeiten, denn dies schadet längerfristig mehr dem Schüler
Als dass es ihm kurzfristig hilft, denn das Erlernte muss selbst erarbeitet werden.
**Im BoD Verlag, bei Amazon und in allen Buchhandlungen erhältlich  -   auch als e-book**